www.ingramcontent.com/pod-product-compliance
Lightning Source LLC
LaVergne TN
LVHW010550070526
838199LV00063BA/4932

نجات سے پہلے

(شعری مجموعہ)

قاضی سلیم

© Qazi Saleem

Najaat se pahle *(Poetry)*
by: Qazi Saleem
Edition: May '2024
Publisher :
Taemeer Publications LLC (Michigan, USA / Hyderabad, India)

ISBN 978-93-5872-373-1

مصنف یاناشر کی پیشگی اجازت کے بغیر اس کتاب کا کوئی بھی حصہ کسی بھی شکل میں بشمول ویب سائٹ پر اَپ لوڈنگ کے لیے استعمال نہ کیا جائے۔ نیز اس کتاب پر کسی بھی قسم کے تنازع کو نمٹانے کا اختیار صرف حیدرآباد (تلنگانہ) کی عدلیہ کو ہو گا۔

© قاضی سلیم

کتاب	:	**نجات سے پہلے** (شعری مجموعہ)
مصنف	:	**قاضی سلیم**
صنف	:	شاعری
ناشر	:	تعمیر پبلی کیشنز (حیدرآباد، انڈیا)
سالِ اشاعت	:	۲۰۲۴ء
صفحات	:	۱۰۶
سرورق ڈیزائن	:	تعمیر ویب ڈیزائن

انتساب

تم وہ ساحل ہو
— جس سے مری موج موج
اک سمندر ہے
طوفاں اٹھانے کی
طوفاں سے تسکین پانے کی شکتی
سبھی کچھ تمھیں سے ہے — لیکن

سیل کو روک رکھو
——— مرے سیل کو
ورنہ پھیلی دشاؤں کی حد سے گذر جاؤں گا
——— بکھر جاؤں گا

نجات سے پہلے

قاضی سلیم

قاضی سلیم

پیدائش : ۲۷۔ نومبر ۱۹۲۶ء

سکونت : سلیم منزل اورنگ آباد (مہاراشٹر)

تعلیم : بی۔اے علی گڈھ یونی ورسٹی

ال۔ال۔بی (عثمانیہ یونی ورسٹی)

دھرتی تیرا مجھ سا دو پے،۱۱
عم روس البـلا د،۱۳

یو نہہے سہی،۱۶
کہونے کچھ نہیں،۱۹
ایک سے نظم،۲۱
کہو کچھ تو کہو،۲۲

مکتی،۲۳
ایک کتبہ،۲۷
ٹھیک تین بجے' رات کے تین بجے،۲۸
دھلونے،۳۰
بپس داس،۳۲
نوحہ،۳۳
آزاد گے،۳۸

سنجوگ،۲۳
لمس،۲۶
سانسوں کی پیغمبری،۲۹

اَپنے، ۵۱

ہائیکو، ۵۵

دقتے، ۵۹

یاد، ۶۲

دردمندی، ۶۳

میں نے دیکھا، ۶۵

وائرس، ۶۸

بے نظر میری آنکھیں، ۷۰

اس جہنم میں، ۷۴

ٹوٹے سٹے، ۷۸

آخری ڈائری، ۸۰

بے ثمر، ۸۳

راستہ کس طرف جا رہا ہے، ۸۶

دادکی ویلے، ۸۹

ورثہ، ۹۲

نارسے، ۱۰۸

تعارف ــــ اخترالایمان، ۹

عمر اک چیخ کی میعاد ہے
———— تم بھی چیخو
اتنی شدت سے ۔ کہ اک مدت تک
وقت کو یاد رہے

۱۹۵۰

۱۹۵۵

دھرتی تیرا مجھ سا روپ

دھرتی تیرا مجھ سا روپ
چاہے چھاؤں ہو چاہے دھوپ
اندھے گہرے کھڈ۔ پاتال
سینہ چھلنی روح نڈھال
باہر ٹھنڈک اندر آگ
دل میں درد زباں پر راگ

دھرتی تیرا مجھ سا روپ

تیری صدیاں میرے پل
وہی قیامت وہی اجل

تیری مٹی میرا خمیر
تیرا خدا اور میرا ضمیر

دھرتی تیرا مجھ سا روپ

بیج اگے یا قبر بنے
پھول کھلیں یا راکھ اڑے
میری طرح چپ چاپ رہے
میری طرح ہر درد سہے

دھرتی تیرا مجھ سا روپ
چاہے چھاؤں ہو چاہے دھوپ

عروس البلاد

یہ لوگ کیسے لوگ ہیں جیتے ہیں کس لئے

ایسا ہو ایک رات سمندر کے دیوتا
ساحل کے کھیت میں پھنکارتے چلیں
دھرتی کے زخم زخم کو دھو کر نکال دیں

یہ لوگ کیسے لوگ ہیں جیتے ہیں کس لئے

بے ہوش نیم مرگ سر رہ گذار عام
کچھ ایسے آڑے ترچھے پڑے ہیں کہ جیسے وہ
انساں نہیں کٹے ہوئے جنگل کے پیڑ ہیں

ہر رات سوچتا ہوں ان آنکھوں کو کیا کروں

لیکن ہر ایک صبح اسی راہ گذار پر
لگتا ہے —، جیسے آج ہی روزِ حساب ہے
لاشیں اگل رہی ہے زمیں — اور خدا کا قہر
جاری ہے — لمحہ لمحہ نزولِ عذاب ہے

ایسے میں کون مجھ سے ملے اور کیوں ملے

کس کو پڑی ہے، کون تھا شب گرد راہ رو
لے کر ہزار نامہ اعمال ہات میں
مصروف تھا کشاکشِ فکرِ نجات میں

۱۹۵۵

۱۹۶۰

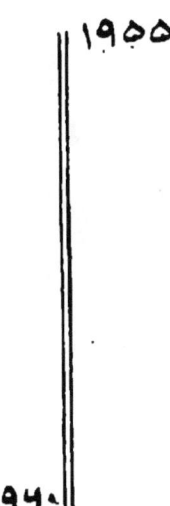

یوں ہی سہی

چلو یوں ہی سہی
تم سب دریچے بند کر دو
— وہ ہوائیں روک دو
جو خلا سینے کا بھرنے کے لئے آتی ہیں
— اور سانسیں تمھاری ساتھ لاتی ہیں

تو ، لو ، ایسے سہی
میری رگوں میں خون کے بدلے
— وہ پانی ہے
جو اساں سادھ لینے والے پیڑوں کا مقدّر ہے

مرے طوفان کی موجیں
کسی برفیلی چوٹی کی وہ تحریریں ہیں جن کو
۔۔۔اب فقط ایسے فرشتے پڑھ سکیں گے
جو کبھی بدبخت دھرتی پر اترتے ہی نہیں

چلو یوں ہی سہی
تم جو بھی چاہو
۔۔۔جس طرح چاہو وہی ہوگا
میں اک گرداب کی مانند واپس لوٹتا ہوں
اس سمندر میں
کہ جس کی تہہ میں جا کر
سب خزانے ڈوب جاتے ہیں

کوئی کچھ نہیں ؟

خیر ــــــــــــ
کوئی ربط ہی نہیں
وقت کی طویل ڈور نے
بے ارادہ ایک کر دیا
صبح و شام گھوم گھوم کر زمیں
گرفت اور سخت اور سخت کر گئی

جانے آج کیوں دکھی
دھاگے میری شاہ رگ میں
ــــ دور تک دھنسے ہوئے ہیں

وہ سرا ہی میں نے کھو دیا
جس سے لوگ
الجھے سلجھے تانے بانے کھول کر
یوں الگ نکل گئے
جیسے وقت کچھ نہیں
وہ سارے راستے
جن پہ گام زن رہے
وہ سارے ہم سفر
جو ساتھ ساتھ چل رہے تھے
_____ کچھ نہیں
کوئی کچھ نہیں ۔۔۔

ایک نظم

جب میں نے تمہارا جسم چھوا
مرے اندر کوئی اور تھا جس نے اور کسی کا جسم چھوا
اوروں کی بے تاب چھون میں
پھر مجھ جیسا
پھر تم جیسا
کوئی اور تھا جس نے اور کسی کا جسم چھوا

کہو — کچھ تو کہو

کہو، شاید ہمارے گوشت کے اندر
لہو کے بربطوں میں
— اور دھڑکتی دھمنیوں میں
آنکھ بن کر اب بھی کوئی جاگتا ہے
وہی سچائیوں کی قبر کا آسیب
— اندھے آئینوں کے عکس کا کوندا
"ہمیشہ کے سمندر" کا بلاوا
— موت کی سانسوں کا پہرا
— بھیک کا کاسہ

کچھ ایسا
——جسکی شاید اک چھون سے
ہماری خودکشی قربانیوں کا نام پاتی ہے

کہو جو کچھ بھی ہے
—— جیسا بھی ہے
—— وہ آج زندہ ہے
کہو۔ کچھ تو کہو— وہ جھوٹ ہی پھر آج دہراؤ

مُکتی

گرجتی
ٹوٹ کر گرتی گھٹائیں
آسمانوں سے مسلسل سنگ باری
نوحہ گر دیوار و در
زخمی چھتیں
شیشوں پہ پانی قطرہ قطرہ پھیلتا بڑھتا
پھسلتی ٹوٹتی ننھی لکیریں
جو تھکے ہاتھوں کی ریکھاؤں کی صورت
نت نرالے روپ بھرتی ہیں

خلا دل کا ذرا سی دیر بھی خالی نہیں رہتا
اسے جو بھی میسر ہو وہ بھر لیتا ہے سینے میں

تمنا پھر تمنا ہے
وہ چاہے موت ہی کی ہو
دہی دکھتی رگوں میں خون کے طوفاں، تھپیڑے
پھر دہی شیشوں پہ بجھتے پھیلتے جالے

پروں کی آخری بے جان سی
اک پھڑ پھڑاہٹ کے سوا کیا ہیں
یہ فریاد و فغاں نالے

مجھے معلوم ہے جب وقت بہتا ہے
تو پھر موجوں میں کب وہ فرق کرتا ہے
وہ چاہے پر سکوں ہوں
یا کسی ساحل سے اپنے سر کو ٹکرائیں
سسکتی رینگتی گذریں
تڑپ کر ریت میں خود جذب ہو جائیں
وہ چاہے کچھ کریں
کیا فرق پڑتا ہے

پھسلتی ٹوٹتی ننھی لکیریں
درازوں سے نکل کر فرش تک آنے لگیں۔ لیکن

وہ کتنی دور تک یوں رینگ سکتی ہیں
دلاسا، ریشمی پیغام، خواب اور تمنائیں
بھلا اس سنگ باری کی سپر کیسے بنیں گی

ہزاروں کائناتیں ٹوٹتی بنتی رہیں ہر لحظہ
تناور پیڑ گرتے ہیں
چٹانیں ریزہ ریزہ ہو کے نس نس میں کھٹکتی ہیں
دریچے پے بہ پے برسات کے حملوں سے اندھے ہیں
فضا گونگی ہے، بہری ہے،
چلو یہ زندگی اور موت دونوں آج سے میرے نہیں ہیں
مری آنکھوں کی بینائی
زباں کی تاب گویائی
سماعت لمس سب کچھ آج سے میرے نہیں ہیں
چلو میں بھی تماشائی ہوں خود اپنے جسم کا
مری دنیا تماشہ ہے
میں اپنے سامنے خود کو تڑپتا سر پٹکتا دیکھ سکتا ہوں
اور ایسا مطمئن ہوں آج جیسے یہ جسم مجھ کو
ابھی کچھ دیر پہلے ہی ملا ہے
—— اور کسی انجانی دنیا سے
برستے بادلوں کے ساتھ آیا ہوں

ایک کتبہ

یہ مٹّی ______

پسِ کارواں گرد بن جائے بن بن بھٹکتی رہے
ترے ایک ایک نقشِ قدم کے لئے سر پٹکتی رہے
مگر یہ نہ ہو
دوبارہ ہی سے خمیر اس کا کل بھی اٹھے
وہ اسی طرح پتھر بنے
اور ترے نرم قدموں کو ٹھوکر لگے

ٹھیک تین بجے۔ رات کے تین بجے

ریل کی وہ مسلسل صدائیں
—خموشی بنیں — سوگئیں
نیند کی سرد، ہلکی پھواریں پڑیں
ہر مسافر کے چہرے سے گردِ سفر دھوگئیں

دور نادیدہ پہیّوں کا ہر ہر گھماؤ
— کہ جیسے سمندر بلوئے کوئی

کھڑکیوں سے پرے
جھاگ ہی جھاگ ہیں

بے تمنا دلوں کے نیک خواب
— مدھوش آنکھوں کے ہر ہر پپوٹے سے جاری ہوئے
ہر طرف جھاگ ہی جھاگ ہیں
یہ زمیں ہے کہ زیرِ زمیں
لوگ انجانی دنیاؤں میں موجزن
جانے کن ساحلوں کی ڈھلانوں پہ اترے ہیں صدیوں پرے
یہ زمیں ہے کہ زیرِ زمیں

چال ایسی کہ تھم سی گئی
گھومتے چاک کی کیل شائد یہیں ہے — کہیں
جس سے دن رات کے پھیر
— دکھ درد آسائشیں
پھوٹتی پھیلتی لوٹ آئی ہیں قدموں میں
جیسے یہی ایک لمحہ حقیقت ہے
سرچشمہ زندگی ہے
سانس در سانس اپنے خداوند کا روپ ہے

کھلونے

جھن جھنا جھن ناچتی گڑیا،
ٹھمکتی تالیوں پر تالیاں دیتی بندریا،
گولیاں بڑھ کر تڑاتڑ داغتا انگریز،
وحشی دیکھ اچھلتے،
مست ہاتھی سر ہلاتے جھومتے،

اک نمائش گاہ میں سب محو تھے
روز و شب کے بیچ الٹے گھومتے کھلتے رہے

اور روحیں،
کل کے گھوڑوں پر سوار، آباد ویرانوں سے اڑ کر

اک طلسمی شہر میں پہونچیں،
— یکایک یوں لگا
جیسے وطن میں لوٹ کر پھر آگئیں

روز و شب کے بیچ اُلٹے گھومتے کھلتے رہے

نو دمیدہ اور ننّھے پھول
اپنی تختیاں بستے اٹھائے
— بے نیازانہ بڑھے
دیوارِ ماہ و سال کے
ہر ایک روزن سے نکل کر
یک بیک اگلی صفوں میں آملے

روز و شب کے بیچ اُلٹے گھومتے کھلتے رہے

پرواز

دیکھیں کیا ہے
آؤ پس دیوار چلیں
گہرے نیلے گنبد کے اس پار چلیں
چاند ستاروں کی آنکھوں سے پیار کا امرت چھنتا ہے
ذہن میں صدیوں سے اک مشفق باپ کا چہرہ بنتا ہے
انجانی فردوس میں شائد اپنا بھی کچھ حصّہ ہے
خوف و عقیدت کے یہ پردے اور ہٹیں کچھ اور ہٹیں
گھنگھور گھٹائیں اور چھٹیں کچھ اور چھٹیں

اس دھرتی کے سینے پر
تاریک گڑھوں کے زخم۔ لے

رینگتے کیڑے، سانپ، دفینے، سرد فضائیں، بند ہوا
کتنی ہاہاکار مچی
کھوج میں سونے چاندی کی
پاتال تلک پیکار چلی
جو زہر تھا اپنا بانٹ چکے
اپنی اپنی لاشوں سے دھرتی کے گڑھے سب پاٹ چکے

نئے نئے ارمانوں کو ہے خواہش نئے مزاروں کی
یا آج خلا میں کھینچ رہی ہے چاہت چاند ستاروں کی
جو کچھ بھی ہو
آؤ پس دیوار چلیں
گہرے نیلے گنبد کے اس پار چلیں

نوحہ
(ایک معصوم بچے کی موت پر)

عذاب!
کس قدر عذاب!!
عود کا دھواں بکھر گیا
لوگ آئے اور چلے گئے
عود کے دھویں کی طرح پیچ و تاب کھاتے لوگ
ـــــ پھوٹتے رہیں گے کب تلک
جسم کی سلگتی آنچ سے

کروڑوں سال کا یہ سلسلہ
اور اس میں ایک سال، بیسویں صدی کے بیچ ایک سال
ـــــ صرف ایک سال! اس کو کیوں ملا؟

کیوں وہ آیا — کس لئے
عذاب
کس قدر عذاب —

تو نے کیوں پلایا دودھ اپنا
— اب اسی کے زہر سے
سبز ہو گا انگ انگ، بال سب سفید ہوں گے
— تیرے پیار سے ابلتے خون میں
سپنولے رینگ آئیں گے

کس نے لکھ دیا تھا لوح پر
تیری ہی کماں سے نکلے تیر سے
سینہ تیرا زخم کھائے
— کس نے لکھ دیا تھا لوح پر

دور دور تیرگی
جھاڑیاں گھنی گھنی
خار دار بوریئے میں لے چلے

خار دار بوریئے میں پھول اپنی اپنی روح کا
گلے لگا کے لے چلے
دھواں دھواں سے لوگ آسمان سے پرے
عرش کی بلندیوں پہ اپنی اپنی لاش اٹھائے لے چلے

کروڑوں سال کے وہ فاصلے
ایک پل میں مل گئے
زمیں کے اس نئے شگاف سے
دیکھنا ہو دیکھ لو
چراغ لاؤ سب ذرا ذرا سی مٹی ہاتھ میں لئے بڑھو
آؤ دیکھ لو
باپ کو بلاؤ وہ بھی دیکھ لے
باپ کو بلاؤ وہ خدا کا اک رسول ہے
دیکھ لے
وہ بھی دیکھ لے

وہ فرشتہ جا رہا ہے دیکھ لے
دکھوں کی آخری وحی جو لایا تھا

——— وہ جا رہا ہے دیکھ لے
اس کا کام ختم ہو گیا
لوگو جلدی جلدی اپنے کام پورے کر لو
——— گھر چلو

ہم زمیں سے دور ——— دیر تک
کیسے رہ سکیں گے ——— لو سنو
"عمر ایک سال ہی سہی ہم کو کیا
آستانۂ حضور شاہ کی
تین فٹ جگہ تو گھر گئی
کل کسی بڈھے کی قبر کے ہمیں
پچاس ملتے" ——— چپ رہو
فاتحہ پڑھو ———
عذاب!
کس قدر عذاب ———

آزادگی

وقت کا بوجھ

پتھریلی چپ

اونچے اونچے پہاڑ

میں پہاڑوں کے دامن میں پھیلی ہوئی گھاس پر

پتی پتی کی تحریر پڑھتا ہوں اسرار میں غرق ہوں

دیر سے

جھیل کی آنکھ جھپکی

— نہ سہمے ہوئے پر کہیں پھڑپھڑائے

— نہ کلیاں ہی چٹکیں

— نہ پتے ہلے

ہر گھنا پیڑ نروان کی آس میں گم ہے
سوکھی ہوئی ٹہنیاں سب صلیبیں ہیں ـــــ
ہر غار جیسے کسی جبرئیل امیں کے لئے وا ہے
گیلاش چپ چاپ ہے

گونج ہی گونج
بے لفظ و معنی فقط ایک گونج

"ساری سچائیاں
جھوٹ کی کوکھ سے پھوٹ کر
لہلہاتی ہیں، خوش بو لٹاتی ہیں، پھر جھوٹ ہی کی طرف
لوٹ جاتی ہیں ـــــ تم سے مجھے ـــــ
بھلا کیا گلا" ـــــ

گونج ہی گونج
بے لفظ و معنی فقط ایک گونج

بنسری کی مدھر تان گونجی تو ایسے لگا
جیسے مجھ میں کسی نے
پرندے کی مانند پر جھاڑ کر جھرجھری لی

جھاڑیوں میں
پر اسرار سی سرسراہٹ
کوئی پیغام ــــ قدموں کی آہٹ
نہیں ــــ کچھ نہیں

ایک چرواہا بھیڑوں کا گلہ لئے آگیا
سبزہ زاروں پہ معصوم بھیڑیں بڑھیں
دیکھتے دیکھتے
پتی پتی کی تحریر ــــ
ــــ اسرار سب چر گئیں

۱۹۶۰

۱۹۶۵

سنجوگ

اور ۔۔۔۔۔۔
سیلاب تھمتے ہی
شرمیلی دلہن کی صورت ندی نے
کناروں سے آہستہ آہستہ گھونگھٹ ہٹایا
وہیں پاس ہی
ایک پتھر تھا۔ یوگی کے مانند آسن جمائے ہوئے
ندی اک ذرا دیر ٹھٹکی
جھجک کر کہا
۔۔۔ "آج ایسے میں
جب آتما میری عریاں ہے
جو یہاں رک گئے تم کون ہو؟"

سبھی سطح پر
موج اڑاتے ہوئے جا رہے ہیں
تمھیں کیا؟
تہِ آب کیا ہے؟
بتاؤ کہ اس جرم کی کیا سزا ہے "

وہ دیکھو
ہر اک لہر جو بھی ادھر سے گذرتی ہے، ہنستی ہے
— زہریلی باتوں کے لبھے بھنوریں پھنسا کر
یہی پوچھتی ہے
سکھی
تیرے آنچل کے پیچھے بھلا کون ہے
وقت کے تیز دھاروں سے کٹ کر
یہاں تیری پوجا میں کھویا ہوا ہے "
اوک کے پیڑ کانپے،
صنوبر نے بن کی ہواؤں سے سرگوشیاں کیں،
ہرن کی قطاریں،
پکھیرو کی ڈاریں،
یہی پوچھنے آئیں،
— اونچے پہاڑوں نے وہ بات دہرائی جس سے

گھنی وادیاں
خوف اور پاپ سے پٹ گئیں
—"میں تو گھبرا گئی
اٹھو میرے سادھو
اٹھو دھیان کے سرد پاتال سے
میں تو گھبرا گئی —"

یہ سن کر جو یوگی نے پلکیں اٹھائیں
تو پھر وہ ندی تھی، نہ پتھر، نہ لہریں
فقط ایک میں تھا
ہمالہ کی بیٹی تھی
اور وہ مدن تھا
جسے شیو نے ایک دن خود جلا کر بھسم کر دیا تھا
مگر آج پھر بان پھولوں کے لے کر
اشوک اور صنوبر کے اونچے درختوں کے پیچھے
اسی طرح چھپ کر کھڑا تھا۔

لمس

اس دن یہ دھرتی کتنی الگ تھی
جیسے پایاب ندی کی پسی ہوئی چکیلی گیلی ریت پہ
—— کوئی ننگے پاؤں چلے
نیند کی مخمل بانہوں میں کھلتے پھولوں جیسی
—— نرم ملائم لچکیلی
ہر رستہ، پگڈنڈی —— ایک پھسلتا بہتا خواب
درو دیوار —— پگھلتا موم
امنگوں کے چلتے پھرتے ہیولے —— دشمن دوست سبھی
جیون کا ہر کل پرزہ، چکناہٹ میں پھسلتا
بے ٹکراؤ تھا بے آواز تھا
جیسے ہونٹ سے ہونٹ ملیں

خوابوں کی پرجوش اڑانیں جس میں پر نہ ہلیں
اور ایک ہی جھونکے میں ———
——— میلوں دور تلک ہم تیرتے منزل پر جا پہنچیں

جب بھی سوچا ایسے لگا
جیسے میں لکڑی کے گھوڑے پر بیٹھا اک ننھا فاتح ہوں
جو اپنی چمکیلی تلوار چلاتا
—— مملکت اپنی کمرہ کمرہ پھیلاتا ہے
کون و مکاں کی وسعت آنگن میں محصور رہے
—— میرا خدا خود میرا دوست، مرا ہم عمر ہے، مرے ساتھ رہے
اس کے فرشتے میری فوج میں شامل ہیں ۔

لیکن ———
جس دن میں نے پہلی بار یہ سوچا
پھول کھلے ہیں آج تو کل یہ کہاں رہیں گے
میری روح کے سناٹوں میں راگ بسے ہیں
شور و فغاں میں کیسے جئیں گے

کل کیسی ہوگی
میری محبت کا کیا ہوگا
پہلی بار مرے اس دل نے فکر و تردد کا پھل چکھا
اور اسی دن میرے خدا نے مجھ کو تنہا چھوڑ دیا

اب یہ دھرتی میرے لئے
ایک شکستہ آئینہ ہے
اس کی چکنا چور سطح پر ہاتھ پھرا کر دیکھو
خون کا دھارا بہہ نکلے گا

سانسوں کی پیغمبری

بارہا ایسی تنہائیوں میں
— کہ جب تیرگی بول اٹھے
ذائقہ موسموں کا زباں پر یکایک بدل جائے
— ہم سب یہی سوچتے ہیں
کہ شاید کوئی اور ہیں
مگر ——— کون ؟
وقفۂ عمر میں کس نے سمجھا ہے
— سب موت ہی کو وصال اپنا کہتے ہیں ،
سب موت کے منتظر ہیں ۔

میں نے اور صرف میں نے

تیری سانسوں میں —
— اپنا اڈتا برستا ہوا سیل دیکھا ہے
— جو روز اوّل اور آخر مقدر ہے،
جو ابتدا انتہا ہے،
لوگ جس کے لئے موت کے منتظر ہیں۔

لوگ بے وجہ کیوں موت کے منتظر ہیں؟

کوئی شئے جھیل کی تہہ میں جب ڈوبتی ہے
تو اک بلبلا جاگتا ہے
کتنا بے چین — سیماب پا
راز تہہ کے اگلتا ہے اور ٹوٹتا ہے
—— اسی دم
سطح کو چومتی سب ہوائیں یہ کہتی ہیں
— "کچھ بھی نہیں
کسی تہہ میں گہرائی میں کچھ نہیں
موت بے فیض سا سانحہ ہے۔"

لوگ بے وجہ کیوں موت کے منتظر ہیں؟

آئینے

سرد رات
کھڑکیوں میں سرد تیرگی
تیرگی کے آئینے تلے
اک فضائے لامکاں
عمیق ۔۔۔ کس قدر عمیق
بسیط ۔۔۔ کس قدر بسیط
میری دست رس سے دور
میری روح پر محیط

شجر شجر میں دشت و کوہ میں
رواں دواں
ہمارے جسم کا لہو

ایک سیل ــــ
سیلِ بے کراں
مسافروں کی بھیڑ سے الگ
مجھ سے بے خبر
تم سے بے نیاز
ہمارے عکس بے حجاب
دور دور پر فشاں
ان کی اپنی زندگی
ان کے خواب
اک کرن کی چھوٹ سے
سبز سرخ نیلگوں بنفشئی
کتنے رنگ ــــ،
ــ کیسے کیسے نقشِ ناتمام
جنبشِ نگاہ سے بنے
جنبشِ نگاہ سے پگھل گئے
اور پھر
رات کی بساط الٹ گئی

مسافروں نے ایک سال کے
پرانے چہرے پھینک کر نئے لگا لیے

کتنے خوش نصیب ہیں
جن کے پاس
کوئی آئینہ نہیں
جن کے پاس
وقت صرف وقت ہے
کوئی سلسلہ نہیں
بھلا نہیں برا نہیں
کتنے خوش نصیب ہیں
ایک سال میں
سب بدل گئے
زمیں کی کوکھ تخم ریزیوں کی منتظر ہے
ــــــــ پچھلی فصل کٹ گئی
رات کی بساط الٹ گئی

"سلیم" اک ازل کی چیخ
رات کی بساط الٹ گئی

چلو سمیٹ لیں

چلو سمیٹ لیں
جھلملاتے عکس
— پرفشاں شباہتیں
بوند اشک کی
چشم مہرباں سے بوند ایک اشک کی
چلو سمیٹ لیں

ورنہ روز حشر کس طرح اٹھائے جائیں گے
اپنے اپنے مرقدوں سے
کس طرح اٹھائے جائیں گے

کیسا سانحہ ہے اپنے آپ سے
کس قدر الگ ہیں ہم
کیسا سانحہ ہے یہ
کیسا سانحہ ہے یہ

ہائیکو

I

آج تم
میری یادوں کا اثاثہ ہو
کٹی فصل کا مالک ہوں میں

II

عکس جو ڈوب گیا
آئینوں میں نہیں
آنکھوں میں اتر کر دیکھو

III

مجھ میں تم
موت کی طرح نمو پاؤ
قریب آؤ ہر لحظہ قریب

IV

کیا سیاہی کے مداوے کے لئے
اک سفیدی ہے!
— اور کوئی رنگ نہیں؟

V

جانے کل کیا ہو
تعاقب نہ کرو
بدلیو ساتھ برس کر کھل جاؤ

۱۹۶۵

۱۹۷۰

وقت

ایک
پھر دوسری
پھر تیسری
اور اب تو پیہم
گھڑ گھڑاہٹ کی مسلسل چوٹیں
میرے اعصاب پہ پڑنے لگیں
تب ریل کی رفتار بڑھی

بھاگتے پیڑ
چٹانیں
کھمبے
پاس سے گذرے تو آواز ملا کر چیخے

شور ہی شور ہے
— یہ شور، مگر
اپنا اظہار ہے اثبات ہے ہر شے کے لئے

آسماں سرخ ہے
— اب بھی وہ ستارا تنہا
نگراں ہے میرے ہر کرب کا
———— یہ کہتا ہے
"عمر اک چیخ کی میعاد ہے
تم بھی چیخو
اتنی شدّت سے کہ اک مدت تک
وقت کو یاد رہے
جنگلوں اور پہاڑوں میں یہ فریاد رہے"

آہنی پہیوں نے فولادی زباں میں اپنی
بات دہرائی ——،
— یہ آواز تھی جانی بوجھی

ایسے مانوس تھے الفاظ جنھیں عمر تمام
سنتے رہتے ہیں مگر سیکھ نہیں پاتے ہیں

آج بھی دیر تلک سنتا رہا
ثانیئے
ساعتیں
شام اور سحر
منزلیں کٹتی رہیں وقت چلا
دھیرے دھیرے میری رگ رگ میں لہو کی گردش
دور و نزدیک کی بے درد کشاکش سے ملی
گھڑگھڑاہٹ سے ہم آہنگ ہوئی
جزو ہوں آج اسی کا شاید
آہنی پہیہ ہوں ——
اک ایسا تسلسل ہوں کہ جس کے کوئی معنی ہی نہیں

پچھلی ضربات سے ہر ضرب نئی
ایسے مل جاتی ہے جیسے اس میں
کسی احساس کا، فریاد کا وقفہ بھی نہیں

یاد

نرم ریشم کی طرح بنی خامشی
جا بجا پھر مسکنے لگی
جسم کے آشیانوں سے طائر اڑے
گرم تازہ لہو میں نہا کر
— پروں کو جھٹکنے لگے
دیر تک رنگ اڑتا رہا

درد مندی

دیکھتے دیکھتے
چیونٹیاں کتنی روندی گئیں
آخری سانس تک
پلٹ کر جھپٹنے کی امید میں
سر اٹھاتی رہیں

دیکھتے دیکھتے
میرے اعصاب میں
بجلیاں گھل گئیں
رینگتی چیونٹیاں
جلد کو چیر کر
خون میں مل گئیں

اب میں کوئی اور ہوں
ایک گھائل درندہ، کہ جس کے لئے
زخم ہی زخم ہیں
(چاہے اپنے ہوں یا دوسروں کے)
آخری سانس تک
زخم ہی زخم ہیں

ساری بستی ہے سہمی ہوئی
لوگ سب فلسفے
باندھ کر بھاگ اٹھے
مجھ پہ اب کوئی ہنستا نہیں

میں اکیلا مگر
کل بڑی دیر تک خود پہ ہنستا رہا
آئینے سے یہ کہتا رہا
—"یا تو ہر درد کے کوئی معنی ہیں
یا پھر کسی درد کے کوئی معنی نہیں"—

میں نے دیکھا

میں نے دیکھا، درد کی شدت سے بے چین کسی ویرانے کی سمت چلا جاتا ہوں
گھنے بنوں کے بعد کھلے میدانوں میں ریت ہی ریت ہے
—— اور ہوا میں ریت کے ننھے ننھے ذرے جگ مگ جگ مگ تیر رہے ہیں

کچھ آدھے پورے پیڑ ہیں،
—— حیوانی ڈھانچے سالم اور ادھورے سب چپ چاپ ہیں
دور پہاڑی کے پیچھے نور کا لاوا ابل رہا ہے
لاکھوں کرنوں کے تیر فضا میں تیرتے پھرتے ہیں
جو بھی زد میں آتا ہے
اس کا جوڑ جوڑ بکھر جاتا ہے

ہرا بھرا اک پیڑ ہے
جس کے آدھے حصے کی شاخیں پھل اور پھول سبھی
پھلجھڑیوں کی طرح سلگ سلگ کر گرتے ہیں
یوں لگتا ہے
جیسے کچھ ہی دیر میں ساری فضا
زرکار چمکتے جلتے بجھتے ذروں سے بھر جائے گی
سارے جسم پگھل جائیں گے۔

ایک کرن
میری پیشانی پہ لگی تھی۔
جذب ہوئی
اور جیسے کسی نے میرا ہاتھ پکڑ کر پیچھے کھینچ لیا
سوئی کی اک نوک چبھی ــــ اور ٹوٹ گئی
تب سے میری رگ رگ میں تیرتی
ــ اندر ہی اندر مجھ کو چھلنی کرتی رہتی ہے
تب سے میں اک چیختی چلاتی بے چین ہوا ہوں
پربت پربت سر ٹکراتا ہوں
میرا گھر بار لٹا پڑا ہے
جسم کے ٹکڑے ٹکڑے کر کے
میرے ہر وارث نے اپنا اپنا حصہ بانٹ لیا ہے

تب سے یہ دنیا کتنی چھوٹی لگتی ہے
— میں اس میں کیسے سما پاؤں گا
سخت چٹانیں میرے بوجھ سے
— دلدل کی مانند زمیں میں دھنس جاتی ہیں
کیسے پاؤں دھروں گا
کس سے پیار کروں گا
میرے کرب کو کون سہے گا

وہ ہاتھ کہاں ہے
کیسی پرچھائیں ہے
تم ہو — میں ہوں
میں تو خود بھی اپنے ساتھ نہیں

وائرس

مسیح وقت تم بتاؤ کیا ہوا
زباں پہ یہ کسیلا پن کہاں سے آ گیا
ذرا سی دیر کے لئے پلک جھپک گئی
تو راکھ کس طرح جھڑی

سنا ہے دور دیس سے
کچھ ایسے وائرس ہمارے ساحلوں پہ آ گئے
جن کے تابکار سحر کے لئے
امرت اور زہر ایک ہیں
اب کسی کے درمیاں کوئی رابطہ نہیں
کسی دوا کا درد سے کوئی واسطہ نہیں

ہم ہوا کی موج موج سے
درد کھینچتے ہیں چھوڑتے ہیں سانس کی طرح
لہو کی ایک ایک بوند زخم بن گئی
رگوں میں جیسے بددعائیں تیرتی ہیں پھانس کی طرح

مسیح وقت تم بتاؤ کیا ہوا
دیو علم کے چراغ کا
کیوں بھلا بکھر گیا
دھواں دھواں بکھر گیا
سنو کہ چیختا ہے "کام ـــ کام ـــ کوئی کام"

کچھ نہیں
جاؤ ساحلوں کی سمت ہو سکے تو روک لو
اس نئے عذاب کو
یا خدا کی آخری شکست تک
سمندروں کی ریت چھانتے رہو

بے نظر میری آنکھیں

بے نظر میری آنکھیں
رات کی ان چٹانوں میں پیوست ہیں
جن کے ہر اک پرت میں
جنتیں اور جہنم سبھی منجمد ہوگئے ہیں

چاند کے سارے قاتل
اپنے مقتول کی گود میں
منہ چھپائے ہوئے سوگئے ہیں

اب بھلا کس کو الزام دیں

ہر ریت ایک یگ کی کہانی ہے
— جو نیک و بد کی حدوں سے پرے
دائرے دائرے گھومتی
خود بھنور بن گئی ہے

ذرا دیر پہلے مرے سامنے
وقت کا تیز لاوا بہا
بے سبب جم گیا
آگ اور راکھ کے درمیاں
مرغولے کھاتا رہا
سرد اور گرم گدلا دھواں
صورتیں ——— عکس
جسم ——— پرچھائیاں

کون ظالم تھا
اور کون مظلوم تھا

نارسا ذہن بے سوچ چلتا رہا
بے سبب تھم گیا
کیا میرے ساتھی ——— جنم زدہ تھے

جو یہ دیکھنے کو چلے تھے
کوکھ دھرتی کی چیریں تو کیا ہو
بیج میں باپ کا رنگ کتنا بچا ہے
— محبوب کے خون میں
کن رقیبوں کی پرچھائیاں ہیں

آہنی میز پر
کلبلاتے ہوئے
نلکی زادوں کو اب کون وارث بناتا
— کہ وہ تو خداوند کے اپنے بیٹے تھے
مصلوب ہونے کی خاطر ہی پیدا ہوئے تھے

وقت کو تھامنے کی سکت ان میں باقی نہ تھی
تیز دوڑاتے پھرتے تھے دیوانہ وار
ننگی پیٹھوں پہ بے درد برقائے کوڑے برستے رہے
دوڑنے کے سوا کوئی چارہ نہ تھا
دوڑتے دوڑتے تھک گئے

اے خدا — میرے ساتھی تو معصوم تھے
— تیرے بیٹے تھے

شیلنت کا یہ عرفان کیوں کر ہوا
تیرے سب جھوٹ سچے ہیں
—— سچائی خود اک بڑی عمر کا جھوٹ ہے

سالہا سال سے ہے مقدر ہمارا یہی تیرگی
سرد اور گرم گدلا دھواں
صورتیں —— عکس
جسم —— پرچھائیاں

اجنبی اجنبی وقت یوں بہہ رہا ہے کہ جیسے
—— یہاں کوئی زندہ نہیں
جیسے اس قطعۂ ارض کا حشر ہو بھی چکا
جان داروں کے پنجر سبھی کھو گئے
حسنؔ بے جسم ہے
انگلیاں ہڈیوں کی سطح کھوجتی کھوجتی تھک گئیں
جیسے برگد کی پاڑبنیاں[1]
قطرۂ آب کی آس میں
سوکھی بنجر زمیں کی طرف بڑھ رہی ہوں
بے نظر میری آنکھیں

---

[1] دکھنی۔ بڑ کی ہوائی جڑیں

اس جہنم میں

کہاں سے آگئے تم
خلاؤں میں چھپی نادیدہ آنکھیں دیکھتی ہیں
پلک جھپکی —— کئی نوری برس بیتے
قیامت سے گلے مل کر ذرا پلٹی تو یہ دھرتی
کسی سورج کی بھٹی سے نکلتی راکھ کا بس ایک ذرہ ہے

کہاں سے آگئے تم
راکھ کے ذرّے میں تم کیا اور میں کیا
محبت کا سہارا بے بسی کی انتہا ہے

دھڑوں کو اپنے چمٹا کر
— لہو اپنا نچوڑیں بھی تو کیا ہوگا
تمناؤں میں دیوارے ہوئے
— یہ کلبلاتے لوتھڑے کیسے
بلندی سے نظر آئیں گے،
— ہنستے ہیں کہ روتے ہیں
جنازہ چیونٹیوں کا جارہا ہے
— یا کوئی بارات نکلی ہے

افق کے پار ستر[1] اونٹ کاغذ سے لدے سر کو جھکائے جارہے ہیں

سیکڑوں اجداد گزرے
عقابی پسلیوں سے کوئی خلیہ
اس زمیں کے اندھے جوہڑ میں گرا تھا
تبھی شائد وہ سب کچھ کھو چکا تھا
سیکڑوں اجداد گزرے

---

[1] شب معراج کی ایک تلمیح

سب پریشاں ہیں
اسے کس نے چرایا ہے
ہر اک کو یہ گماں ہے، دوسرے نے
اپنے سینے میں چھپا کر رکھ لیا ہے
سبھی کی آتمائیں کھوکھلے ناموں کے کاسوں میں
چھپکلی کی اک کٹی دم کی طرح
تڑپتی پھڑ پھڑاتی ہیں

تبھی تو شہر میں ہل چل مچی ہے
گلی میں شور بڑھتا جا رہا ہے
"جلادو — پھونک دو — نابود کرڈالو
چیر دو ہر جسم —
اندر جھانک کر دیکھو
سڑک پر خون بہتا ہے
اسے چکھو
خدا کا ذائقہ شائد ملے گا

اس جنم میں
کہاں سے آ گئے تم
خلاؤں میں چھپی نادیدہ آنکھیں
بنا جھپکائے پلکیں دیکھتی ہیں
مکوڑوں اور کیڑوں میں بڑے گھمسان کا اک رن پڑا ہے
ہزاروں ڈھیر ہو کر رہ گئے ہیں

افق کے پار سترا ونٹ کاغذ سے لدے سر کو جھکائے جا رہے ہیں

ٹورسٹ

ہمارے پاس کچھ نہیں
جاؤ اب ہمارے پاس کچھ نہیں

بیتے ست جگوں کی سرد راکھ میں
اک شرار بھی نہیں
داغ داغ زندگی پہ سوچ کے لباس کا
ایک تار بھی نہیں
دھڑک دھڑک، دھڑک دھڑک
جانے تھاپ کب پڑے
ننگے وحشیوں کے غول شہر کی
سڑک سڑک پہ ناچ اٹھیں
مولی گاجروں کی طرح سرکٹیں

برف پوش چوٹیوں پہ سیکڑوں برس پرانے گدھ
—— پروں کو پھڑ پھڑا رہے ہیں
اب ہمارے پاس کچھ نہیں

کھنڈر کھنڈر تلاش کر چکے
سب خزانے ختم ہو گئے
تمھارے میوزیم میں سج گئے
—— اب ہمارے پاس کچھ نہیں
سپیرے راجے جادوگر
ایر انڈیا کا بٹلری نشان بن گئے

جاؤ اب ہمارے پاس کچھ نہیں

آخری ڈائری

پندرہ روز علالت کے، ایسے گذرے جن میں باہم ربط نہ تھا
پھیل گیا اک تنہا دن ـــــ تب دوسرے تنہا دن سے ملا
دھیرے دھیرے اینٹ پہ اینٹ جمی
میرے چاروں طرف دیوار بنی

پندرہ روز کے بعد کہیں یہ زنداں ٹوٹا
واپس لوٹا اپنی دنیا میں
سب کچھ ویسے ہی پڑا ہے جیسے چھوڑ گیا تھا
میز اسی طرح ترچھی رکھی ہے
ریک سے ایک کتاب نکالی تھی یوں ہی کھلی پڑی ہے
دھوپ اترتی دھوپ مری الماری کے آدھے پٹ پر رکی ہوئی ہے
اب وہ یہیں سے واپس ہو جائے گی

جیسے اس کی حدیں ہمیشہ ہی سے مقرر ہیں
جیسے میرے ہونے نہ ہونے کا کوئی فرق نہیں
کھڑکی سے پھر وہی ہوائیں لوٹ آئی ہیں
میرے سینے میں جو سانس کی صورت تیر چکی ہیں
بیتے پندرہ دنوں میں شاید وہ اجداد کی تسکیں کا سامان بنی ہوں
وہ خوش ہوں میرے سینے کے بجھتے سے ان کا تنفس چلتا ہے
مرے ذریعے وہ اس دنیا میں اب بھی جاری اور ساری ہیں
لیکن اب تو ان کا شجرہ دور دور تک پھیل گیا ہے
ان کے جاری ساری رہنے کا احساس مرے ہونے نہ ہونے کا پابند نہیں

میں جو نہیں تھا سب کچھ ویسے ہی رکا پڑا ہے
پیڈ سے ایک ادھورا خط اب بھی جھانک رہا ہے
یہ خط میں نے تم کو لکھا تھا
کمرے کے گوشے میں دبکا سناٹا
میرا ہمیشہ کا ہمراز وہی سناٹا لوٹ آیا ہے
سرگوشی میں مجھ سے کہتا ہے
تم اس خط سے عمر میں پندرہ روز بڑے ہو

اس دن وہ ساری باتیں کتنی سچی تھیں!
وہ سچائی اٹل ہے
وہیں کھڑی ہے
میری ساری نظموں کی مانند
۔۔۔ جو میری بیتی سانسوں کا کتبہ ہیں
زندہ ہیں ۔۔۔ پائندہ ہیں
میرے ہونے نہ ہونے کی پابند نہیں

بے ثمر

نیند سے نکلو
——چلو وقت سہیں
رات کی آنکھوں میں آنکھیں ڈالیں

نیند سے نکلو
نیند میں ایک تعاقب ہے کہ جاری ہے سدا
آسمانوں سے اُدھر
سات سمندر کی مسافت سے پرے
ڈولتے ابر میں بہتے ہوئے ہنسوں کی طرح
کئی ہم شکل مجھے
جھانکتے جھانکتے چھپ جاتے ہیں

جیسے آفاق کا یہ سارا کھیل
کسی قرطاس پہ جاری ہے
—— جو ہر نیند میں کھلتا ہے، لپٹ جاتا ہے

نیند سے نکلو
چلو بیچ جواں خوابوں کے
بانجھ یادوں میں کہیں دفنا دیں
کوئی گم گشتا ہے — نہ پھلتا ہے — یہاں
صرف سائے ہیں
—— سایوں کے گھنے جنگل ہیں
پھر وہ گالوں سے چھوئے پنکھ
—— فرشتے ہونگے
وہی معصوم فرشتے ہونگے
جو اندھیروں کے سمندر میں مجھے
لینے آتے ہیں
—— مگر میں "میں" ہوں
میرے اجداد بھی اجداد تھے
—— سائے تو وہ بھی نہ تھے

نیند سے نکلو
——— مگر کون ہے؟
——— یہ دھری دھڑکن
بائیں پسلی سے بھلا کیوں ابھری
کاٹ کر دانتوں سے انگلی
——— دیکھیں
زخم کی کوکھ میں تو میری شباہت ہوگی

نیند سے نکلو
چلو وقت نہیں

راستہ کس طرف جارہا ہے

(آرام اسٹرانگ کے نام ــــ)

چیختی
ــ چنگھاڑتی
ـــــــ ہرہراتی ہوا
بادگولے ــــ بگولے
سانس دھرتی کی جیسے اکھڑنے لگی
شش جہت کے گھٹا ٹوپ اندھکار میں
بنی نوع آدم کے شجرے کی سوکھی ہوئی پتیاں
بوکھلائی ہوئی
ـــــــ پوچھتی پھر رہی ہیں
راستہ کس طرف جارہا ہے

الجھے دھاگوں کی پھرکی کہاں گھومتی ہے
اس کا محور کہاں ہے؟
یہ کھلتی چلی ہے۔
—— یا اسے داہنے ہاتھ پر
کوئی الٹا لپیٹے چلا جا رہا ہے
راستہ کس طرف جا رہا ہے

خلاؤں کے بے آب ساگر اُمڈتے چلے آ رہے ہیں
خلاؤں کے بے آب ساگر ہیں ہم
—— جیسے رم خوردہ بے پاؤں اور بے زمیں
چوکڑی بھر رہے ہیں
راستہ کس طرف جا رہا ہے

وہ مرے پیار کی آگ سے
سرخ شعلہ ——
—— دہکتا ستارا کہاں چھپ گیا
جسکی اندھی پرستش میں میرا قبیلہ
پھیلے آکاش کو طول میں کاٹنے کی تمنا لئے چل پڑا تھا

اس کی آواز
—— زنجیر بن کر
مجھ کو کھینچے لئے جا رہی ہے

" زادِ رہ پھینک دو
اپنی بے حاصلی کے سبک ہاتھ پھیلاؤ"
—— " جیسے فرشتے ؟"
" ہاں فرشتوں کی مانند جو عرش سے فرش تک
آتے جاتے ہیں
—— سب راستے
ساری سیمائیں جن کے لئے بے اثر ہیں "

وادیِ ویل[1]

کیسی آگ بھیانک آگ تھی
آن کے آن میں پھیل گئی
دور دور تک صرف کھنڈر میں
—— راکھ کے ڈھیر ہیں
—— جیسے سب کچھ چاٹ گئی ہیں تیز زبانیں شعلوں کی

تھم تھم کے رگوں میں
—— خون کی اک اک بوند
—— کسی ہارے ہوئے لشکر کی مانند گھسٹتی بڑھتی ہے

کانٹے دار دہکتے گرز کی ضربوں سے
لگتا ہے
—— جیسے کوئی پیچھا کرتا ہے

---

[1] نارِ جہنم کا ارتکازی حصہ بحوالہ قرآن شریف

لمحہ لمحہ پوچھ رہا ہے
مجرم کون ہے؟
اندھے جبر کا آخر کون ہدف ہے
کس نے میرا پتہ بتلایا کس نے میرا نام لیا

اب کے تو
میں نے اپنا سایہ بھی
اک اک دل سے ہٹا لیا تھا
سارے قرضے چکا دیئے تھے
میرے چیختے چلاتے لفظوں کا کیا تھا
بھونک بھونک کر چپ ہو جاتے
ہانپ ہانپ کر درد کے پاتالوں میں سو جاتے
کس نے میرا پتہ بتلایا، کس نے میرا نام لیا

یہ جسم
—— یہ زخمی چھلنی جسم
سلگتی رات کی تاریکی کا بوجھ
ہزاروں لاکھوں من کا بوجھ اٹھائے —— زندہ ہے؟

یا موت کی ناگن
میرے جنم سے خون میں لہرانے والی موت کی ناگن
اپنی کینچلی ویرانوں میں چھوڑ گئی ہے

کیا میں عمر کی یہ بوسیدہ اترن ہوں
یا وہ سارے اڑتے رنگ
—— وہ سارے اجڑے خواب ملا کر "میں" بنتا ہوں
جو پل پل ارمانوں کی گرمی سے
پگھل پگھل کر عرش بریں تک پھیل گئے ہیں
ان میں سے آخر کس کو سزا ملنی ہے
——— کون ہدف ہے
کس نے میرا پتہ بتلایا کس نے میرا نام لیا
لگتا ہے کچھ ہی دیر میں پھر خونخوار درندہ
اپنی آنکھ سے —— اپنے نتھنوں سے
پھر آگ اڑاتا جھپٹے گا
—— زہریلے دانت گڑیں گے
سیّال انگارے ہر سمت بہیں گے
—— میرے خدا
میں کیوں ؟
—— آخر میں کیوں اقبال کروں ؟

ورثہ

(ایلورا کی ایک مورتی سے)

بیس صدیوں کا ہیولا ہو تم
بیس صدیوں کا پراسرار ہیولا — جس پر
صرف بے درد ہواؤں نے زباں پھیری تھی
اب مرا ہاتھ ہے
— اور ہاتھ کی یہ زندہ حرارت شائد
تم کو محسوس ہو بدلے ہوئے موسم کی طرح
تم یہ سمجھو کہ کسی دھوپ کے ٹکڑے نے تمھیں
روز کی طرح سے پھر چھیڑا ہے
یا تھکا ماندہ پرندہ ہے
— جو آ بیٹھا ہے

اس بلندی سے نہ دیکھو کہ مرے ہاتھ بھی پتھرا جائیں

جھرجھری لے کے رگوں کی شاخیں
ایک لمحے کے لئے جاگ اٹھیں
لہلہانے لگیں ـــــ جیسے پھر سے
جڑ گئی ہوں وہ پراچین جڑوں سے اپنی

آپ اپنے میں اترتی ہوئی
ـــــ چپ چاپ گپھاؤں میں
ـــــ گھنے پیڑ تلے
کھوجتا رہتا ہوں، بتلاؤ کہاں کھو گئے
ـــــ انگلی کا اشارا پاکر
الٹی پھرتی ہوئی چکری کی طرح یہ دنیا
بند آنکھوں میں سمٹ آتی ہے

روز ہر صبح کا اخبار جتاتا ہے
ـــــ کہ اس دھرتی پر
سارے در بند ہوئے

ہاتھ آکاش کے راتوں کو نہ اتریں گے کبھی
کوئی سچائی کے دکھ بلنٹنے والا بھی نہیں
فصل ست جگ کی کوئی کاٹنے والا بھی نہیں

غار کی آنکھ سے دیکھو مجھ کو
اپنے کاندھے پہ اٹھائے ہوئے بیتال کی لاش
لوٹ آیا ہوں
—— سنبھالو یہ وراثت اپنی

میں تھکا ماندہ پرندہ ہی سہی
دھان کے کھیت میں بجھ کاگ[1] کی مانند کھڑے ہو تم بھی
چڑیاں بے وجہ سہم جاتی ہیں
اور بھوکی ہی پلٹ آتی ہیں
(چڑیاں زندہ ہیں کہ بجھ کاگ
—— کوئی کیا جانے

دکھنی 'بجھوگا' Scare-Crow

کچھ شاعر کے بارے میں

اخترالایمان

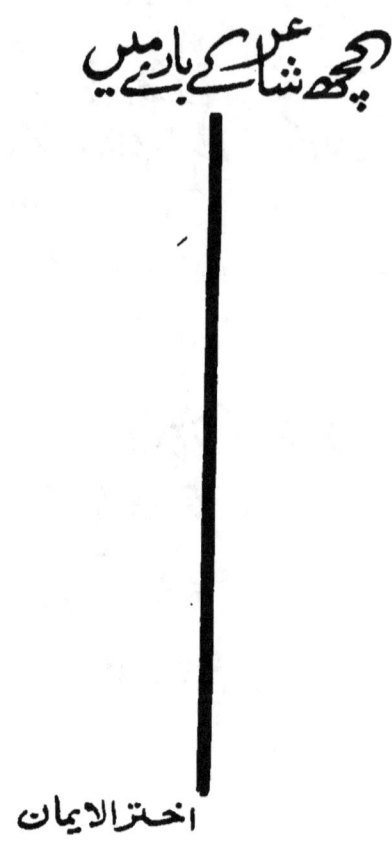

آج سے کئی سال ادھر کی بات ہے حیدرآباد میں ایک صاحب سے ملاقات ہوئی، گیہواں رنگ، چھریرا بدن، قد لانبا، چہرہ پر ایک خاص قسم کا ٹھہراؤ اور سکون تھا۔ ہونٹوں پہ مسکراہٹ، آنکھوں میں شکایت زمانہ کی جھلک نہیں تھی لگتا تھا جیسے انسان نے دھرتی کا روپ دھار لیا ہے۔ ایک واقف کار نے تعارف کرایا۔ یہ قاضی سلیم ہیں — شاعر!

اس کے بعد ان کی نظمیں نظر سے گذریں

دھرتی تیرا مجھ سا روپ
چاہے چھاؤں ہو چاہے دھوپ
اندھے گہرے کھڈ پاتال
سینہ چھلنی روح نڈھال

نظم پڑھ کر مجھے احساس ہوا کہ میں نے قاضی سلیم کو پہچاننے میں غلطی کی ہے۔ یہ غلطی ہم اکثر کرتے ہیں اور کرتے رہیں گے۔ اس لئے کہ چہرے انسان کا آئینہ نہیں ہوتے لہٰذا ایسا کوئی قاعدہ کلیہ نہیں ہے جو اس بات کا یقین دلادے کہ فلاں فلاں حالات کے تحت انسان کا ردعمل اپنے گرد و پیش سے متعلق صرف یہ ہوگا اس کے علاوہ اور کچھ نہیں ہو سکتا۔ قاضی سلیم نے ایک آسودہ ماحول میں پرورش پائی ہے۔ وہ مالی اور معاشی پریشانیاں جو اکثر لکھنے والوں کے حصہ میں آئی ہیں شاید انھیں ان سے دو چار نہیں ہونا پڑا۔ معاشی آسودگی کے

ساتھ ساتھ غالباً جنسی ناآسودگی بھی نہیں، اچھی ازدواجی زندگی گزارتے ہیں پھر یہ کرب یہ بےچینی کیوں

ہزاروں کائناتیں ٹوٹتی بنتی ہیں ہر لحظہ
تناور پیڑ گرتے ہیں
چٹانیں ریزہ ریزہ ہو کے نس نس میں کھٹکتی ہیں

یا

مقدر میں ہمارے
شہر کی گلیاں
مکانوں کی سلگتی کھڑکیاں
دوکان گاہک بینک بازاروں کی گرمی
کارخانوں کی جھلستی چمنیاں
پُرشور ہوٹل
بوتلوں کی آگ
رقصاں گوشت کے قتلے
لہو میں تیرتے بھنتے

اور اس ایک لفظ "کیوں" کے ساتھ ذہن میں کبھی نہ ختم ہونے والے سوالات کا ایک سلسلہ شروع ہوجاتا ہے جن کا فرداً فرداً جواب شاید ان صفحات میں ممکن نہیں، پھر بھی ہماری کوشش یہ ہے کہ قاضی سلیم کی شاعری کو سمجھ پائیں، اور ان محرکات کو سمجھ سکیں جو اس شاعری کا سبب بنے ہیں، اس سلسلے میں شاید ایک اچھی کوشش یہ ہوگی کہ ہم ان کی نظموں کے عنوانات پر نظر ڈالیں اور معلوم کریں کہ ان کی شاعری کا موضوع کیا ہے چند عنوانات یہ ہیں: عروس البلاد، شکست، کھلونے، آئینے، وقت، نارس اور نجات، غرض کہ بیشتر عنوانات اور ان کا نفس مضمون ایسا ہے جس سے یہ احساس ہوتا ہے ان نظموں کے کردار کسی بالادست کی گرفت میں ہیں یا یہ حیثیت

مجموعی تمام نظموں کا موضوع انسان اور غم انسانیت ہے۔ یہ وہ غم ہے جو ہر حساس آدمی کے حصے میں آتا ہے۔ شاعر کو فوقیت اس لئے حاصل ہے کہ وہ اظہار کی قدرت بھی رکھتا ہے مگر ان بہت سے سوالات میں سے پہلا سوال جو قاضی سلیم کی نظمیں پڑھ کر میرے ذہن میں پیدا ہوتا ہے یہ ہے کہ ساری انسانیت کی خوشی پر چراغاں کرنے اور اس کے ہر غم اور شکست ریخت پر گڑھنے اور نالہ کرنے کا فرض شاعر نے اپنے ذمہ کیوں لیا' یہ فرض اس پر کسی نے عائد تو نہیں کیا۔

اس سوال کا جواب ایک لفظ میں نہیں دیا جا سکتا۔ بہتر ہوگا کہ بہ حیثیت مجموعی انسانوں کو دیکھیں ان کی زندگی پر نظر ڈالیں اور محسوس کریں وہ شب و روز کے پہیوں میں کس طرح پس رہے ہیں۔

کرۂ ارض ایک حشر کا میدان دکھائی دیتا ہے جس میں جگہ جگہ بہت سے چھوٹے بڑے دائرے کھینچے ہوئے ہیں اور ہر انسان کسی نہ کسی دائرے میں محصور ہے کہیں اس سے نکلنے کے لئے ہاتھ پیر مار رہا ہے اور کہیں کوشش چھوڑ بیٹھا ہے اور اپنے حالات پر قناعت کر لی ہے۔ یہ چھوٹے بڑے دائرے مختلف مسائل ہیں معاشی سیاسی اخلاقی اور مذہبی، جو کبھی تو واقعی مسائل محسوس ہوتے ہیں اور کبھی ایسا خیال گزرتا ہے کہ یہ سب مسخرا پن ہے، کہیں کوئی قدر نہیں کوئی عالی جذبہ نہیں جو زندگی کی اساس بن سکے، جس پر جیسی پڑتی ہے اوڑھتا ہے، خواستہ ناخواستہ دونوں طرح ان دائروں کے درمیان ایک طویل قامت انسان کھڑا ہے جس کے پاؤں زمین کو چھو رہے ہیں اور سر آسمان کو، یہ سب کچھ دیکھ رہا ہے، انسانوں کو شب و روز کی چکی میں پستا ہوا ان مسائل کی قربان گاہ پر شہید ہوتا ہوا، جو اس نے خود شعوری طور پر پیدا نہیں کئے۔ ایسی کس مپرسی کی موت مرتے ہوئے جن میں زبردست بھی شامل ہیں اور زیردست بھی۔ یہ شخص شاعر ہے جو پوری قوت سے چلا رہا ہے۔

ایسا ہو ایک رات سمندر کے دیوتا
موجوں کے کف میں چھینٹے جھنجھلاتے چلیں
دھرتی کے زخم زخم کو دھو کر نکال دیں

مگر دیوتا انسان کے دکھوں کے علاج کے لئے آسمان سے نہیں اترتے۔ آدمی حسب معمول ایسی

لایعنی لڑائی میں مشغول رہتا ہے جس کا کوئی انت نہیں، دائرے چھوٹے بڑے ہوتے رہتے ہیں۔ تعداد میں کم یا زیادہ ہو جاتے ہیں مگر ٹوٹتے نہیں۔

اشرف المخلوقات کا اشرف ٹوٹ جاتا ہے صرف مخلوقات رہ جاتا ہے مگر وہ شاعر جو سب کچھ دیکھ رہا ہے اس کی باغی فطرت چیخ اٹھتی ہے مگر اس چیخ میں اس کا کوئی شریک نہیں کوئی اس کے ساتھ نہیں۔ وہ کسی کا انتظار بھی نہیں کرتا۔ خود ہی مجبور انسانوں کا نمائندہ بن کر میدان میں کود پڑتا ہے۔ اگرچہ اس وقت وہ تمام انسانیت کا نمائندہ ہے اس کے پاؤں تحت الثریٰ کو چھو رہے ہیں اور سر اوج ثریا پر ہے اس کے باوجود وہ خدا نہیں اس لئے کہ خدا رحمٰن و رحیم ہونے کے ساتھ ساتھ جبار و قہار بھی ہے اور جب اس کا قہر عمل میں آتا ہے کوئی چیز بھی اس کی دست برد سے نہیں بچتی اس میں نباتات اور جمادات بھی شامل ہیں، چرند پرند بھی اور معصوم بچے بھی ـــــ شاعر خالق ضرور ہے مگر قہار و جبار نہیں۔ انہدام اور تخریب اس کے بس کی بات نہیں۔ یہاں پہنچ کر وہ گھٹ جاتا ہے نوع انسانی کو اس نے آلات تخریب نہیں دیے۔ زندگی کو حسین بنانے والے تصورات دیے ہیں انسانوں کے اندر اچھائی اور نیکی کا احساس پیدا کیا ہے۔ جمالیاتی مزاج بیدار کیا ہے مگر اس کام کے لئے کوئی شکر گزار ہے نہ اس کی کوششوں کا حاصل، اس لئے بیر بہوٹی کی طرح اپنے آپ کو سمیٹ لیتا ہے ریشم کے کیڑے کی طرح اپنے آپ اپنے کوے میں بند کر لیتا ہے یہاں تک کہ ہر طرف اندھیرا چھا جاتا ہے تنہائی کا اندھیرا جو اس سے سرگوشیاں کرنے لگتی ہے۔

بارہا ایسی تنہائیوں میں
ـــــ کہ جب تیرگی بول اٹھے
ذائقہ موسموں کا زباں پر یکایک بدل جائے
ہم سب یہی سوچتے ہیں
کہ شاید کوئی اور ہیں
مگر ـــــــــ کون؟

وقفۂ عمر میں کس نے سمجھا ہے

سب موت ہی کو وصال اپنا کہتے ہیں

سب موت کے منتظر ہیں

موت کا یہ انتظار ایک اضطراری فعل ہے اس تخلیقی عمل کا جزو ہے جس سے ہر شاعر کو دوچار ہونا پڑتا ہے۔ قاضی سلیم کو بھی ہونا پڑا، تخلیقی عمل کے تجزیے کی ضرورت اس لئے پیش آئی کہ ہم اس کیوں کا جواب دے رہے ہیں جو قاضی سلیم اور ان کی شاعری کے واسطے سے ہمارے ذہن میں پیدا ہوا ہے مگر اس کیوں کا جواب شاید ہم کبھی نہیں دے پائیں گے اور یہ جنگ یوں ہی جاری رہے گی۔ ہر دور میں انسان کم و بیش ایک ہی طرح کی چیزوں سے نبرد آزما رہا ہے۔ مادی ضروریات کو مہمیز دینے والے ذرائع بدل جاتے ہیں مگر لڑائی وہی جاری رہتی ہے کبھی غلام آقا کی لڑائی، کبھی جاگیردار کسان کی لڑائی، کبھی بادشاہ وقت اور رعایا کی لڑائی۔ اور لڑائی میں بیچ کی کڑی صرف شاعر ہے جو جذبات کے اظہار کا وسیلہ بنتا ہے اور جب جیت ہوجاتی ہے تو بھی خسارہ میں رہتا ہے اور ہار ہوتی ہے تب بھی، جیت کا انعام سیاست داں لے جاتے ہیں اور ہار کے بعد دار و صلیب اس کے حصے میں آتی ہے۔

تخلیقی عمل ویسے بڑی الجھی ہوئی چیز ہے۔ یہ کبھی اس وقت رونما ہوتی ہے جب شاعر غم و غصہ کی کیفیت میں ہے اور کبھی اس وقت جب وہ دیکھتا ہے کہ گرد و پیش کے لوگ ناپسندیدہ حالات میں زبان نہیں کھول رہے ہیں، ایک اس وقت جب وہ انسانیت کے لئے کوئی نیا خواب دیکھ رہا ہو۔ یہی وجہ ہے اس کے خیالات میں تضاد کا اظہار ہوتا ہے وہی بات جو اس نے ایک بار کہی ہے دوسری بار اسی کو رد کر دیتا ہے اس کا دوسرا سبب بھی ہے کہ خود شاعر کے اپنے ذہن کی نشو و نما ہوتی رہتی ہے وہ خیالات جن کا اس نے اوائل عمر میں اظہار کیا تھا خود ان سے ایک مدت کے بعد جب اس کی فکر بالغ ہوتی ہے کنارہ کش ہونے لگتا ہے، اس کے علاوہ کچھ شاعر صرف احساسات کے شاعر ہوتے ہیں وہ کوئی منظم فلسفہ لے کر نہیں آتے۔ وہ اپنے عہد کے ایسے محسوسات ہوتے ہیں جن سے اس وقت

کا انسان صبح و شام دو چار ہوتا ہے۔ قاضی سلیم بھی احساس کے شاعر ہیں تخلیقی عمل کی یہ بات جہاں ایک حد تک درست ہے وہیں یہ بھی سچ ہے شاعرانہ دردمندی کا تعلق اپنی ذاتی مالی اور جنسی آسودگی یا ناآسودگی سے نہیں۔ اچھے شاعروں کے ہاں غم ذات کم ہی ہوتا ہے غم کائنات زیادہ۔ اگر غم ذات ہوتا بھی ہے تو اس خوب صورتی اور شدت سے آتا ہے کہ غم کائنات محسوس ہونے لگتا ہے۔

اور سیلاب تھمتے ہی

شرمیلی دلہن کی طرح ندی نے
کناروں سے آہستہ آہستہ گھونگھٹ ہٹایا
وہیں پاس ہی ایک پتھر تھا
یوگی کے مانند آسن جمائے ہوئے
ندی ایک ذرا دیر ٹھٹکی
جھجک کے کہا
"آج ایسے میں جب آتما میری عریاں ہے
تم کون ہو؟ ____________
جو یہاں رک گئے
سبھی سطح پر موج اڑاتے ہوئے جا رہے ہیں
تمھیں کیا
تہ آب کیا ہے
بتاؤ کہ اس جرم کی کیا سزا ہے؟

انسانی تجربات کا یہ سیلاب کبھی نہیں رکتا۔ سیلاب اس لیے کہ جب وہ اس تجربے سے گزرتا ہے تھوڑی دیر کے لیے خود بھی اس کے پاؤں اکھڑ جاتے ہیں، وہ اپنے قابو میں نہیں رہتا اور تک بہتا چلا جاتا ہے اور پھر جب دھارے کا زور کم ہوتا ہے پانی کناروں سے اتر جاتا ہے۔ وہ معمول پر

ہا س سیلاب میں بہتا چلا جا رہا تھا اس طرح رک جاتا ہے جیسے ایک بھاری پتھر ہو۔ اور سوچنے لگتا ہے یہ کیا ہو گیا، اور زندگی کا یہ نیا تجربہ اسے ایک ایسا گیان ایسا عرفان دیتا ہے کہ وہ چیزوں کی ماہیت سمجھ لیتا ہے ایک یوگی کی طرح اسے نروان حاصل ہو جاتا ہے مگر یہ گیان تو ہر شخص کے لئے نہیں ہوتا۔ اسی لئے زندگی کو اپنی عریانی کا احساس ہو جاتا ہے وہ کہتی ہے "تمھیں تو غرق کر دینا چاہتی تھی، بہا دینا چاہتی تھی، تم اس سیلاب سے کیسے بچ آئے، اب تم نے مجھے بے نقاب دیکھ لیا ہے۔ لبادہ اتر جانے کے بعد کیا رہ جاتی ہوں" یہ جان تو لیا تم نے، مگر اس کی سزا بھی سمجھ لو۔ سزا یہ ہے کہ یہ تجربہ تمھارے لیے زخم بن جائے گا ایسا زخم جو ہمیشہ ہرا رہے گا۔ تم کبھی اس کی کسک سے نجات نہ پا سکو گے — یہ ایک ذاتی تجربہ غم ذات ہوتے ہوئے بھی اتنا وسیع ہے کہ ہر شخص کی آپ بیتی معلوم ہوتا ہے۔

اگر میں قاضی سلیم کی شاعری کو ایک نام دینا چاہوں تو اسے شاخِ نہالِ غم کہوں گا۔ اس شاخِ نہالِ غم کی پرورش اور نشو و نما ہوئی ہے اس ماحول میں، جہاں مہک گیسوؤں کی اور بارود کی باس ملی جلی ہے آبیاری کی ہے ان تصورات نے جو آتش زیر پا ہیں، بالیدگی دی ہے ان حالات نے جو ناہموار ہیں اور جن پر ہر وقت موت کے سایے منڈلاتے رہتے ہیں۔ تخریبی اسلحہ کی شکل میں سائنسی ترقی نے جو عفریت پیدا کیا ہے وہ آج انسانوں کے قابو سے باہر ہے اب اس پر قابو پانا انسان کے بس کی بات نہیں، نتیجہ یہ ہے اعصاب میں ایک ایسا کھنچاؤ ایسا تناؤ ہے کہ یوں لگتا ہے جیسے رگیں ٹوٹ جائیں گی، انسان کا انسان پر اعتماد نہیں رہا، اپنے مستقبل پر اعتماد نہیں رہا۔ یہاں تک کہ اپنی ذات پر بھی اعتماد نہیں رہا۔ پورے کرہ ارض کی زندگی، انسان اور اس کی برسوں کی پرورش کی ہوئی تہذیب اور تمدن کا دار و مدار صرف بجلی کے ایک بٹن پر ہے اور اس بٹن کو دبانے کا اختیار آدمی کے ہوش و خرد کے ہاتھ میں نہیں اس کی دیوانگی کے ہاتھ میں ہے۔

اسی لمحے کے ہاتھ میں ہے جب عقلِ سلیم کام کرنا چھوڑ دے گی اور ایک دھماکے کے ساتھ پورا کرہ ارض

راکھ کے ایک ڈھیر میں بدل جائے گا۔ زمین سے زندگی کی سکت سلب کر لی جائے گی اس ہلاکت کا احساس انسان کو آج سے پہلے کبھی نہیں ہوا تھا۔ یہ احساس یوں ہمیں براہِ راست نہیں ہوا ہے بالواسطہ ہوا ہے۔ اس لئے کہ آج زمین ناموں کے اعتبار سے ضرور مختلف حصوں میں تقسیم ہے مگر احساس کے اعتبار سے الگ نہیں۔ وہ زیاں کاری اور خرابی جس کا احساس امریکہ کے ایک حساس باشندے کو ہے لندن کے باشندے کو بھی ہوگا، روم اور شام کے رہنے والے کو بھی، ہندوستان کے حساس اور ذہین شہری کو بھی —— ایٹمی طاقت کے عروج اور چاند پر پہنچنے کی کدو کاوش جہاں ایک طرف انسان کی کام یابی کی دلیل ہے اس کی شکست کا مظاہر بھی ہے کام یابی عقلی سائنسی اعتبار سے اور شکست جذباتی اعتبار سے۔

اس ہلاکت کا احساس اس درجہ دل و دماغ پر حاوی ہے آنے والی کل انسان کے لئے اس درجہ غیر یقینی ہوگئی ہے کہ وہ آج کی رگوں میں، جو کچھ ان میں ہے، سب کچھ نچوڑ لینا چاہتا ہے۔ اس رویئے نے انسان کو زیاں کار اسراف پسند بے شرم بنادیا ہے جسم اور جسم، لذت اور لذت، نشہ اور نشہ، اس لئے کہ کل آنے والی نہیں، اور اگر آئے گی بھی تو ہلاکت لے کر، ہر مثبت قدر نفی میں بدل جاتی ہے۔ یورپ والوں نے یہ آنچ اپنے جسموں پر محسوس کی پچھلی لڑائی میں، اور ہم نے تقسیم ہندوستان کے ساتھ —— اگرچہ اس کے مظاہرے مختلف ہیں مگر تجربے میں ہم دونوں برابر کے شریک ہیں، مادی حالات کی برتری اور ترقی، قدیم اخلاقی اقدار کی موت نے اس نئے سماج کو جنم دیا ہے۔ اسی نئے سماج کے جنم کے ساتھ ایک نئے انسان کی ولادت ہوئی ہے جس کا نمائندہ یہ آج کا شاعر ہے —— شاعر یہ وہی ہے میں نے جس کے بارے میں کہا تھا وہ ان انسانوں کی زبان بن کر وجود میں آیا جو زندگی کی سختیوں کو جھیلتے ہیں شب و روز کے پہیوں میں پستے ہیں مگر بغاوت ان کا شیوہ نہیں، آج بھی شاعر یہ وہی ہے مگر نئے وقت کے ساتھ نئی قدروں کے ساتھ زندگی کی نئی اذیتوں کے ساتھ اس نے بھی نیا جنم لیا ہے جب شاعر نیا ہے تو اس کا اظہار بھی نیا ہے اس کی زبان بھی نئی ہے اس لئے کہ وہ پوچی قسم کی زبان و اظہار اب اس کا ساتھ نہیں

دیں گے۔ یہ سب الفاظ اس کے لئے کھوکھلے ہیں، بے روح اور بے صدا ہیں۔ اب یہ اس کا مافی الضمیر ادا نہیں کر سکتے اس لئے کہ اب اس کی پرانی بغاوت ایک چیخ میں تبدیل ہو گئی ہے ایسی چیخ جو ارض و سما کا دل چیر سکتی ہے کہ اس کے دکھوں کا مداوا کہیں بھی نہیں ہے۔

عمر اک چیخ کی میعاد رہے
تم بھی چیخو
اتنی شدت سے کہ اک مدت تک
وقت کو یاد رہے
جنگلوں اور پہاڑوں میں یہ فریاد رہے

یہ بے بضاعتی اور ناداری اس دور کی دین ہے۔ سائنس کی ترقی کا وہ عفریت جسے انسان نے خود تخلیق کیا ہے اس کے قابو سے باہر ہے اور کشاں کشاں اسے موت کے دروازے پر لے آیا ہے۔ اس بات کا اظہار اس نئی شاعری کے سوا کہیں نہیں ہے۔ نیا شاعر اپنے آپ سے جھوٹ نہیں بول سکتا۔ اپنے آپ کو دھوکہ نہیں دے سکتا سب قدریں فرضی اور عارضی ہیں محبت جس کا اتنا بھرم ہے اتنا شور ہے وہ کچھ لوازمات کے ساتھ ہی زندہ رہتی ہے ایک خاص وقت تک زندہ رہتی ہے اور وقت گزرنے کے ساتھ اس کی شدت اور تند و مد میں بھی کمی آجاتی ہے یہ بات اس نے محسوس کی ہے اور اس کا المیہ یہ ہے کہ یہ بات اس نے کہہ بھی دی ہے۔ مجھے قاضی سلیم اور اس دور کے ان شاعروں سے ہمدردی ہے جو اپنی روح کی عریانی کے جرم میں سنگ سار کئے جائیں گے۔

کسی بھی شاعر کے مافی الضمیر کو پوری طرح سمجھانا کسی بھی نقاد کے بس کی بات نہیں نقاد کیا کسی کے بھی بس کی بات نہیں۔ اس بات کی نشان دہی کی جاسکتی ہے کہ یہ نظمیں جو قاری کے سامنے ہیں اس کا بہ حیثیت مجموعی نفسِ مضمون کیا ہے۔ مجھے اب دو پہلوؤں پر نظر ڈالنی ہے ایک تو رسمی شاعری دوسرے آخر غزل کی زبان۔ رسمی شاعری وہ ہے جسے پڑھتے وقت آپ کو بار بار احساس ہو کہ

ایسی نظمیں تو ہم پہلے بھی پڑھ چکے ہیں اور وہ تجربہ جس سے متعلق شاعر اپنے محسوسات بیان کر رہا ہے آپ پر اثر انداز نہ ہو ۔ قاضی سلیم کی نظمیں پڑھتے وقت یہ احساس آپ کے ذہن میں پیدا ہی نہیں ہوگا۔ یہ ممکن ہے کہ ان کی بات فوراً آپ کی سمجھ میں نہ آئے۔ آپ کو نظم ایک بار سے زیادہ پڑھنا پڑے مگر ہر بار آپ کو محسوس ہوگا کہ آپ ایک ایسی آواز سن رہے ہیں جو پہلے نہیں سنی تھی۔ ایک ایسے تجربے سے دو چار ہو رہے ہیں جس پر پہلے نظر نہیں گئی تھی۔

جہاں تک غزل کی زبان کا سوال ہے میں سمجھتا ہوں کہ غزل کی شاعری اپنے امکانات ختم کر چکی ہے غالب پہلے شاعر تھے جنھیں اس بات کا احساس ہوا اس لئے وہ نئی نئی تراکیب اور ثقالت جو ان کے ہاں ملتی ہے غزل کے حدود سے نکل جانے کی کد و کاوش ہے۔ مگر مزاج اور فکر کے اعتبار سے نئے ہوتے ہوئے بھی غالب غزل کے حدود کے اندر ہی رہے۔ غلط فہمیوں سے بچنے کے لئے میں اس بات کی وضاحت کر دوں کہ صنف سخن کے اعتبار سے میں غزل کے خلاف نہیں ہوں البتہ اس بات کے خلاف ہوں کہ اپنا سب کچھ اسی کو سمجھ لیا جائے اور افسوس کی بات یہی ہے کہ واقعی سب کچھ غزل ہی کو سمجھ لیا گیا ہے حسن و عشق کی شاعری کتنی ہی اچھی کیوں نہ ہو اسے پڑھتے وقت اس بات کا احساس ضرور ہوتا ہے کہ شاعر نے کوئی نئی بات نہیں کی ہے۔ اس کے الفاظ کا انتخاب دل کش اور موہن ہو سکتا ہے مگر اس کا تجربہ نیا نہیں ہوتا۔ زبان کی ترویج اور ترقی اور اس میں اضافہ ہوتا ہے نئے موضوعات پر قلم اٹھانے سے'۔ مشینوں کی آمد کے ساتھ ہماری زبان میں اظہار کے بے شمار امکانات پیدا ہوئے ہیں، مگر ہماری بدقسمتی ہے کہ ہم نے شاعری کی زبان کے لئے غزل کو نہیں چھوڑا نتیجہ یہ ہوا کہ ہماری روزمرہ عام گفتگو رسل و رسائل اور شاعری کی زبان میں کم و بیش دو سو سال کا فصل ہے اس فصل کو قاضی سلیم اور ان کے دوسرے ہم عصروں نے محسوس کیا۔ اسی لئے قاضی سلیم کی نظمیں پڑھتے وقت آپ کو کبھی کرختگی اور اکھڑے اکھڑے پن کا احساس ہوگا۔ یہ احساس اس لئے ہوگا کہ انھوں نے بندھی ٹکی زبان اور رسمی تراکیب اپنی شاعری

میں استعمال نہیں کی ہیں لیکن جب ان کی نظموں کو آپ ایک سے زائد بار پڑھیں گے تو یہ احساس جاتا رہے گا۔ آپ محسوس کریں گے کہ آپ نئے تجربے سے دوچار ہو رہے ہیں، ایک نئی آواز سن رہے ہیں، اس آواز میں جذبات کی شدت ہے زندگی کا کرب ہے اور اس کے ساتھ ہی وہ خلوص ہے جو ایک اچھی شاعری کا لازمہ ہے ـــــ زبان کے سلسلے میں بھی یہ بات کہنا چاہتا تھا جو رسمی شاعری کے حوالے سے کہی ہے۔ ہمارے اندر یہ بڑی خرابی ہے کہ ہم ڈرتے رہتے ہیں۔ ہر چیز سے ڈرتے ہیں وہ چاہے نئے خیالات ہوں یا نئے اسالیب، نئے حالات ہوں یا زندگی کے نئے محرکات، اور پھر بعد میں جھک مار کر انھیں کو اختیار کر لیتے ہیں، انھیں کو قبول کر لیتے ہیں مگر یہ قبولیت اس وقت آتی ہے جب وہ چیز یا تجربہ دوسروں کے لئے بوسیدہ ہو جاتا ہے یہ رویہ ہمارا عام زندگی میں بھی ہے ادب اور شاعری میں بھی ـــ ہم یہ سمجھنے سے انکار کرتے رہتے ہیں، انسان مردم گزیدہ بھی ہمیشہ رہے گا اور آئینہ بھی یونہی ہمیں ہماری شکل دکھاتا رہے گا۔

آج خوشی کی بات ہے کہ قاضی سلیم اور ان کے بعض ہم عصر شاعروں نے اس بات کو محسوس کیا، اس کابوس کو توڑ نہیں دیا تو توڑنے کی کوشش کر رہے ہیں۔ ادب میں نئی شاعری کا مقام کیا ہے یہ شاعری ادب عالیہ میں شامل کی جائے گی یا نہیں اس بات کی بحث یہاں نہیں ہے۔ جو نئے تجربات زبان اور بیان کے ہو رہے ہیں اس کاوش کو میں سراہنا چاہتا ہوں۔ اس کاوش میں یقیناً ہماری آج کی زندگی کی سچائی اور اس کی تڑپ موجود ہے۔

ان الفاظ کے ساتھ تمت بالخیر کے طور پر قاضی سلیم ہی کی ایک نظم آخر میں نقل کرتا ہوں۔

سنہ ۱۹۶۷ء ہل روڈ باندرہ بمبئی ۔ ۵

نارس

میری روح نئی نئی نظموں میں جنم لیتی
اور ہر تکمیل پہ میری سمت پلٹ آتی ہے
ایک تمناؤں سے بھری پُری شکتی
ایسے روپ کی کھوج میں ہے
جس میں سب کچھ میرا ہو
جو میرے ہر اک کرب کو سہن کرے
ایسا روپ جو کون-و مکاں کے پھیلاؤ میں ڈولتا
چاند ستاروں سے پاتال-تلک بہتا

اپنی نجات کو پہنچے
آنے والے یگوں میں میری دھڑکن شامل ہو
لیکن ــــــ جب بھی عدم کے کوہ گراں کو
ــ چیر کے کوئی سوتا پھوٹا
میں نے دیکھا
اس کو اک ایسے پودے کا بہروپ ملا
جس کی جڑیں دھرتی میں دفن ہیں ــ
ــ وسعت اس کی شاخوں تک محدود ہے
ــ یا پھر ایسا درندہ ابھرا
جس کے گوشت میں خود ہی اس کے دانت گڑے ہیں
اور وہ کتّوں کے اطوار پہ خوش ہے

کبھی کبھی انسانی روپ ملا بھی تو ایسے بے بس ضدّی بچے کا
جو خود ہی اپنے خوابوں کے کھلونے توڑ رہا ہے
یہ دیکھ کے جھنجلائے
کیوں یہ کھلونے چلتے چلتے رک جاتے ہیں
کتنی بار وہ کوک بھرے گا

آخر کتنی بار میں کوک بھروں گا
زنگ آلود کمانوں میں
اب تو گھماؤ بھی کم ہے